CON GRIN SUS CONOCIM
VALEN MAS

I0013619

- Publicamos su trabajo académico,
  tesis y tesina

- Su propio eBook y libro - en todos
  los comercios importantes del mundo

- Cada venta le sale rentable

Ahora suba en www.GRIN.com
y publique gratis

Bibliographic information published by the German National Library:

The German National Library lists this publication in the National Bibliography; detailed bibliographic data are available on the Internet at http://dnb.dnb.de .

Imprint:

Copyright © 2018 GRIN Verlag
Print and binding: Books on Demand GmbH, Norderstedt Germany
ISBN: 9783668733749

This book at GRIN:

https://www.grin.com/document/425813

José Raúl Pérez Martínez

Los Sistemas Gestores de Contenidos más utilizados para la creación de blogs y sitios web más complejos

GRIN Verlag

GRIN - Your knowledge has value

Since its foundation in 1998, GRIN has specialized in publishing academic texts by students, college teachers and other academics as e-book and printed book. The website www.grin.com is an ideal platform for presenting term papers, final papers, scientific essays, dissertations and specialist books.

Visit us on the internet:

http://www.grin.com/

http://www.facebook.com/grincom

http://www.twitter.com/grin_com

Índice (Index):

Contenido

Página de Presentación

Título: Wordpress: Los Sistemas Gestores de Contenidos más utilizado para la creación de blogs y sitios web más complejos.

Title: Wordpress: The most used Content Management Systems for the creation of blogs and more complex websites.

Autor: José Raúl Pérez Martínez

Author: José Raúl Pérez Martínez

RESUMEN:

El presente constituye un ensayo académico dirigido al tema de los Sistemas Gestores de Contenidos o CMS (Content Management Systems, por sus siglas en inglés). Se examina este tema a luz de los conceptos y definiciones que varios autores aportan sobre este tipo de software, la multitud de variantes disponibles en Internet, sus características funcionales, la forma en que estos softwares construyen las páginas que son presentadas a los usuarios, así como el contenido presente en las mismas. Es abordado, además, la clasificación de los diferentes CMS, atendiendo a un conjunto de elementos tales como la programación, el tipo de licencia al que se encuentra sujeto el sistema, el grado de complejidad en su operación y en la creación de contenidos y la estructura disponible de diferentes usuarios, entre otros aspectos de interés. La riqueza de detalles que encontrará en el presente estudio le ayudará a seleccionar qué CMS debería escoger para llevar a cabo su proyecto de blog o sitio web, dependiendo de las características, demandas y complejidades del proyecto a desarrollar.

Palabras clave: Sistemas Gestores de Contenidos, sitio web, blog, bloguero, CMS, Drupal, Blogger, Wordpress, Joomla, plugins, temas, widgets

ABSTRACT:

The present is an academic essay addressed to the subject of Content Management Systems or CMS (for its acronym in English). This topic is examined in light of the concepts and definitions that various authors provide on this type of software, the multitude of variants available on the Internet, their functional characteristics, the way in which these softwares build the pages that are presented to users, as well as the content present in them. It is also addressed the classification of the different CMS, taking into account a set of elements such as programming, the type of license to which the system is subject, the degree of complexity in its operation and in the creation of contents and the structure available from different users, among other aspects of interest. The wealth of details you will find in this study will help you select which CMS you should choose to carry out your blog or website project, depending on the characteristics, demands and complexities of the project to be developed.

Keywords: Content Management Systems, website, blog, blogger, CMS, Drupal, Wordpress, Joomla, plugins, themes, widgets

1. INTRODUCCIÓN:

1.1 Contexto histórico responsable del surgimiento y auge de los Sistemas Gestores de Contenido.

Sin importar la variante de website (sitio web) que se desee diseñar, así como las funcionalidades de las que deberá disponer la misma, en su construcción se requerirá emplear un conjunto de herramientas a fin de que tanto la disposición de sus contenidos como su formato y administración discurran de manera correcta, fluida y amigable. Durante la primera mitad de la década de los 90 del

pasado siglo, la inmensa mayoría de los sistemas automatizados disponibles para la construcción de un sitio web, arrojaban como resultado una estructura más o menos monolítica donde los contenidos propios de Internet e Intranet eran rígidos, resultaba muy difícil manejar grandes cantidades de información de modo rápido e interactivo, con la creación de programas como WordPress, Joomla, Drupal, entre otros, el manejo del contenido dentro de las páginas web no sólo se tornó más ágil y sencillo, sino también funcional. [1]

La aparición de estos programas tuvo lugar en un momento histórico signado por los notables adelantos de la programación HTML, PHP e Internet, así como por el creciente número de organizaciones que publicaban una gran cantidad de contenido en Internet y necesitaban de continuas actualizaciones o de personalizar sus websites, como era el caso de revistas en línea, páginas de agencias de noticias, periódicos y publicaciones corporativas, entre otras entidades. Los comienzos de los años 90 del siglo XX se caracterizaron por una multiplicación extremadamente rápida del contenido en web, diferentes actores - usuarios de las nuevas tecnologías, no especializados en informática, comenzaron a necesitar escribir su propio contenido, publicar sus propios textos, imágenes y fotografías. Es ese preciso momento el que puede ser considerado como el nacimiento de los CMS, tal como son conocidos en la actualidad, como respuesta a las nuevas soluciones tecnológicas emanadas de la situación aquí descrita. [1]

Así, en 1995 el sitio de noticias tecnológicas CNET sacó su sistema de administración de documentos y publicación creando para el efecto una compañía llamada Vignette, que se convirtió a la postre en el pionero de los sistemas de administración de contenidos comerciales. A partir de esta fecha, el mundo fue testigo de la aparición de una pléyade de nuevos productos, actualizaciones y adelantos responsables del surgimiento y auge de los CMS o Content Management Systems (Sistema de Gestión de Contenidos, por su traducción al español). [1]

4

1.2 ¿Qué es un Sistema Gestor de Contenido?

Un sistema de gestión de contenidos (en inglés: Content Management System, más conocido por sus siglas CMS) es un programa informático que permite crear una estructura de soporte (framework) para la creación y administración de contenidos, principalmente en páginas web, por parte de los administradores, editores, participantes y demás usuarios. [2]

Cuenta con una interfaz que controla una o varias bases de datos donde se aloja el contenido del sitio web. El sistema permite manejar de manera independiente el contenido y el diseño. Así, es posible manejar el contenido y aportarle en cualquier momento un diseño distinto al sitio web sin tener que darle formato al contenido de nuevo, además de permitir la publicación fácil y controlada en el sitio a varios editores. Un ejemplo clásico es el de los editores que cargan el contenido al sistema mientras otro usuario de nivel superior, ya sea un moderador o administrador, permite que estos contenidos sean visibles a todo el público (los aprueba). [2]

García Cuerda (2004) por su parte, define al CMS como "...un software que se utiliza principalmente para facilitar la gestión de webs, ya sea en Internet o en una intranet, y por eso también son conocidos como gestores de contenido web (Web Content Management o WCM)". [3]

La automatización de un conjunto de procederes inmersos en el macro-proceso consistente en la construcción de un sitio web completo, así como la compartimentación de las labores y la interrelación jerárquica de los que participan de este proceso, ha hecho que muchos más actores puedan involucrarse en las labores inherentes al desarrollo del website como producto final dinámico y cambiante, la herramienta que hace posible la convergencia de todos estos expertos y que en función de sus aportes permite disponer del sitio web terminado, es denominado en todos los casos CMS o sistema gestor de contenido.

El presente ensayo aborda el tema de los Sistemas Gestores de Contenido desde el punto de vista conceptual y terminológico, así como desde los elementos básicos constitutivos de estos sistemas automatizados y que caracterizan sus funcionalidades y prestaciones, la forma en que funcionan, lo que se puede esperar de ellos y las diversas variantes de CMS disponibles en el mundo actual.

2. DESARROLLO:

2.1 Conjunto básico de características que todo CMS debería tener

La razón de ser fundamental de un CMS es hacer posible que casi todos los procederes contemplados en los procesos de diseño y construcción de un blog o sitio web, discurran sin que los actores involucrados en estos procesos deban tener conocimientos de programación, o sea; sin que deban programar ni una sola línea de código. De lo aquí referido se infiere que el sistema debe presentar un conjunto de características, como parte de su interface gráfica, de modo tal que la inmensa mayoría de las operaciones sean factibles y

controlables. Entre las características que los usuarios esperan encontrar en todo Gestor de Contenidos, están las siguientes: [4]

- Opciones del editor de textos. El editor se corresponde con la interfaz a través de la cual se añade y se modifica el contenido. La mayoría cuenta con un editor WYSIWYG, What you see is what you get, que viene a ser muy similar a trabajar como si estuviésemos tratando un documento de Word. Debemos vigilar que cumpla funciones tales como incluir enlaces, marcar encabezados y negritas, cursivas y la posibilidad de adjuntar imágenes. [4]

- Buen manejo de elementos externos. La accesibilidad y usabilidad en el manejo de archivos son cruciales: Los aspectos más básicos en relación a esto son la carga de archivos mediante extensiones .doc y .jpg y las herramientas básicas para su edición, como recortar, redimensionar e indexar para que puedan aparecer estos contenidos en las búsquedas. [4]

- Filtros de búsqueda adecuados. Al trabajar con grandes volúmenes de información, es necesario que podamos acceder rápidamente al contenido adecuado, esencialmente si queremos rescatar material antiguo o específico por categorías. [4]

- Modificar roles y permisos de usuarios. Dependiendo de cuánta gente tenga acceso al contenido, puede interesarte dividir los roles de administrador o editor, conceder más permisos o restringirlos. Puede interesarte, por ejemplo, que varias personas puedan editar, pero sólo el administrador esté autorizado a publicar, una vez haya revisado que todo está correcto. [4]

- Cuidado con refrescar, Hay algunos CMS cuyas limitaciones conducen a reiniciar la herramienta si ha estado inactiva por un determinado periodo de tiempo. Imagínate seguir escribiendo y que al pulsar 'Publicar' no se haya guardado gran parte del trabajo. ¿Las consecuencias? Horas de trabajo y efectividad perdidas. Por ello, es muy importante que el CMS sea lo suficientemente potente para no reiniciarse. [4]

2.2 Clasificaciones de los CMS

Los Sistemas Gestores de Contenido constituyen en la actualidad un conjunto heterogéneo de sistemas automatizados, a pesar de esto, los mismos admiten cierto grado de clasificación, en función del tipo de licencias a los que se sujetan, los lenguajes de programación empleados en su edificación y la función o uso para la que son destinados. A continuación se ofrecen algunos CMS que responden a estas clasificaciones. [5]

Según el lenguaje de programación empleado: [5]

- Active Server Pages
- Java
- PHP
- ASP.NET
- Ruby On Rails
- Python

Según la licencia: [5]

- CMS de Código abierto
- CMS privativo o propietario. En estos casos es común la no disponibilidad del código fuente, por lo que siempre permanece latente la posibilidad de que existan puertas traseras o back doors.

Por su uso y funcionalidad: [5]

- Blogs; pensados para páginas personales.

- Foros; pensados para compartir opiniones.

- Wikis; pensados para el desarrollo colaborativo.

- Enseñanza; plataforma para contenidos de enseñanza on-line.

- Comercio electrónico; plataforma de gestión de usuarios, catálogo, compras y pagos.

- Publicaciones digitales.

- Difusión de contenido multimedia.

- Propósito general.

2.3 ¿Cuáles son los CMS más conocidos?

En el mercado actual se encuentra una elevada cifra de soluciones tecnológicas a modo de gestores de contenidos, algunos de ellos han quedado obsoletos con el paso del tiempo, otros no pertenecen al mundo del software libre ni responden al paradigma del código abierto u open source, por esta razón su empleo resulta más o menos costoso, dependiendo de la variante en cuestión.

Los más conocidos y exitosos CMS hacen posible que un sitio web pueda ser gestionado desde un amistoso panel de administración, sin complicados conocimientos técnicos, ellos pueden diferir en su clasificación en función de diversos criterios, tales como: tecnología utilizada, licencias, finalidad, entre otros. Resulta difícil determinar cuál es el mejor CMS del mundo, pero resulta bastante sencillo identificar un conjunto vanguardista de estos softwares, a continuación se caracterizan a algunos de ellos.

Joomla: Uno de los gestores más populares, disponibles para medianos y grandes sitios que necesitan más flexibilidad y variedad de características. Algunos lo consideran aún el mejor CMS multimedia, y también es muy bueno para el comercio electrónico y sitios de alto tráfico. Aunque no es tan fácil de usar o poner en marcha, su buen uso le asegurará tener configurado todo de acuerdo a su gusto. Para una funcionalidad avanzada podría ser la mejor opción, aunque suele tomar tiempo el lograr que funcione tal y como el usuario lo desea. [6]

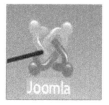

Joomla es uno de los más populares paquetes de software usado para crear, organizar, administrar y publicar contenido para sitios web, blogs, intranets y aplicaciones móviles. Debido a su arquitectura escalable es también una base ideal para crear aplicaciones web. Posee más de un tres por ciento de la Web ejecutándose a partir de esta aplicación y dispone de una cuota de mercado del CMS de más del 9 por ciento, potenciando así la presencia en internet de cientos de miles de pequeñas empresas, gobiernos, entidades sin fines de lucro y grandes organizaciones de todo el mundo. [7]

Principales características de Joomla:

- Se trata de un CMS de código abierto multilingüe que ofrece más de 64 idiomas. Los Webmasters y los elaboradores de contenido pueden crear sitios web para ser presentados en varios idiomas, sin necesidad de dar un paso fuera de las opciones disponibles en el software básico de Joomla. Esta característica mejora la accesibilidad del sitio, haciendo posible que el mismo sea visitado por un público mucho más amplio. [7]

- Desde su variante 3.5.0, Joomla soporta la versión más reciente de Zend PHP: PHP 7, que proporciona un impulso significativo en el rendimiento del sitio web. Los usuarios de Joomla pueden disfrutar de los beneficios implícitos en la mejora del rendimiento. Joomla todavía proporciona soporte a PHP en la versión PHP 5.4 para los servidores web que aún no se ha actualizado.

- Joomla dispone de un mecanismo rápido y sencillo que hace posible actualizar la versión con un clic. El actualizador incorporado también un verificador automático que notifica si algo necesita una actualización; esto incluye las notificaciones del software principal y extensiones de Joomla que utilizan esta característica. Mantener el sitio web al día hace posible proteger los activos web. [7]

- Este gestor de contenidos ofrece un sistema de ayuda contextual para auxiliar a todos los niveles de usuario en el uso de un sitio web Joomla. La mayoría de las páginas tienen un botón de ayuda en la parte superior derecha, lo que ayuda a entender plenamente todas las opciones en esa página. También hay un glosario que explica los términos en un inglés llano, un verificador de versión se asegura de que estás utilizando la última versión, una herramienta de información del sistema te ayuda a solucionar problemas. Si todo lo demás falla, están disponibles enlaces a una gran cantidad de recursos en línea para obtener ayuda adicional y apoyo, tales como Documentación de Joomla y foro de usuarios. [7]

- Joomla dispone de un Gestor de Medios, una herramienta destinada a facilitar el upload o carga, así como la organización y gestión de los archivos multimedia y carpetas. Incluso es posible manejar más tipos de archivos, gracias a la función MIME configurable. El Gestor de medios se integra en el Editor de artículos para que resulte fácil acceder a las imágenes y al resto de los archivos multimedia. [7]

- El gestor de banners ofrece la posibilidad de añadir publicidad fácilmente y obtener beneficios económicos del sitio web. La herramienta permite crear clientes y campañas, para agregar tantos banners como sean necesarios, incluso con códigos personalizados. [7]

- Entre muchas otras características y facilidades.

Drupal: es un CMS o sistema de gestión de contenidos que se utiliza para crear sitios web dinámicos y con gran variedad de funcionalidades. Se trata de un software libre, escrito en PHP, que cuenta con una amplia y activa comunidad de usuarios y desarrolladores que colaboran conjuntamente en su mejora y ampliación. Esta ampliación es posible gracias a que se trata de un sistema modular con una arquitectura muy consistente, que permite que los módulos creados por cualquier desarrollador puedan interactuar con el núcleo del sistema y con los módulos creados por otros miembros de la comunidad. Con Drupal es posible implementar una gran variedad de sitios web: un blog personal o profesional, un portal corporativo, una tienda virtual, una red social o comunidad virtual, entre otras variantes. [8]

Principales características de Drupal: [9]

- Gratuito: Drupal es un software de código abierto bajo la Licencia Pública GNU, es decir, es completamente libre para descargar, usar y personalizar. Sin gastos de compra, licencia o mantenimiento.

- Plataforma Web: la instalación de Drupal por defecto es una base de datos de la plataforma basada en la web con herramientas para archivos de mantenimiento y un alto nivel de seguridad. Muchos desarrolladores aprovechan la arquitectura extensible de esta plataforma para ir más allá del paquete proporcionado en el núcleo o core.

- Social: es un sistema multiusuario, que permite a los visitantes del sitio entrar como usuarios "autentificados" o navegar en el sitio como usuarios "anónimos". Puede controlar los niveles de acceso y asignar "roles" de múltiples niveles de permisos.

- Escalable: Drupal ha demostrado repetidamente su capacidad para proyectar más de un millón de páginas y más de veinte millones de solicitudes por segundo.

- Personalizable: podemos encontrar una gran cantidad de temas libres, totalmente personalizables, además de varios temas base para iniciar nuestro propio proyecto.

- Seguro: está sujeto a estrictas pruebas de seguridad, tanto por la comunidad Drupal, como por expertos de seguridad de todo el mundo.

Blogger: Constituye una plataforma de blogs sencillos para las personas que sólo quieren crear un blog en forma rápida e intuitiva, por medio de un amigable ambiente visual y sin que se necesiten tener conocimientos avanzados de programación. Este no es un CMS avanzado. El problema de usar un servicio como Blogger es que usted no es dueño del blog, es decir, si viola los términos y condiciones automáticamente pierde la administración del blog. No obstante, su popularidad y fácil uso son incuestionables. [6]

Principales características de Blogger: [10]

- Creación de múltiples Blogs con un solo registro.
- Adición de usuarios para que publiquen entradas (posts) o administren el Blog.
- Capacidad para el almacenamiento de archivos de imágenes
- Capacidad para almacenar archivos de Video
- Interfaz en varios idiomas en el modo diseño del Blog.
- Etiquetas para las Entradas

- Importación automática de entradas y comentarios, provenientes de otros Blogs creados en Blogger.
- Exportación automática de la información de un Blog (entradas, etiquetas y archivos) en un archivo XML.
- Disponibilidad de Plantillas listas para utilizar.
- Capacidad para la adición de comentarios de los lectores en Entradas.
- Dominio propio que se puede adquirir, por un año, pagando cierta cantidad de dinero en dólares.

WordPress: es un Sistema de Gestión de Contenidos o CMS, en un inicio fue empleado para la creación de blogs pero con el pasar de los años y la aparición de nuevas versiones los usuarios se convencieron que podían crear sitios web dotados de un grado mucho mayor de complejidad del que acostumbra a tener un blog.

En el Sitio oficial de Wordpress se plantea que este CMS constituye *"...una poderosa plataforma de publicación personal, y viene con una gran cantidad de características incorporadas, diseñadas para hacer tan fácil, placentera y atractiva como sea posible la experiencia de publicar en Internet. El equipo desarrollador de WordPress está orgulloso de ofrecer un sistema de publicación personal distribuido libremente, basado en estándares web, rápido, ligero y gratis; con una configuración y características muy bien pensadas, y un núcleo extremadamente personalizable."* [11]

Wordpress empezó en 2003 originalmente como una plataforma de blogging, pero con el tiempo ha ido evolucionando a un sistema de CMS (Content Management System) que funciona para crear prácticamente cualquier tipo de sitio Web. [12]

Varios son los elementos que refuerzan la posición actual del Wordpress en el mundo, entre ellos están: su flexibilidad y el hecho de que es un software de código abierto [12], distribuido conforme a la licencia estándar GPL [11], lo cual convierte a éste en un software libre, por lo que se ha transformado en la herramienta más poderosa y fácil de utilizar para crear páginas o blogs. [12]

Wordpress está disponible en su versión completa (WordPress.org) como un software descargable que se instala en un dominio con hospedaje propio. También está en una versión basada en la Web mucho más limitada (WordPress.com). [12]

La plataforma funciona para crear cualquier tipo de sitio Web. Aunque está un poco más enfocada a los blogs, también se pueden crear: [12]

- Páginas corporativas
- Tiendas virtuales (e-commerce)
- Páginas de captura
- Cartas de Venta
- Sitios web más "estáticos" o tradicionales
- Mucho más

Los tres componentes más importantes de Wordpress que permiten que sea una herramienta tan poderosa son: [12]

- Plugins: Son complementos (software) que aumentan las capacidades y posibilidades de Wordpress hasta límites inimaginables. Los plugins se usan para mejorar Wordpress en diferentes áreas como marketing, redes sociales, seguridad, SEO, diseño Web, contenido, tráfico Web, entre muchas otras posibles esferas de alcance a las que puede extenderse el CMS. [12]

- Temas: Estos constituyen plantillas o formatos de sitio web pre-elaborados que se utilizan en Wordpress para modificar la apariencia y diseño del sitio. Existe un sinfín de temas gratuitos y "premium" (sujetos a pago) que ayudan a adaptar nuestro sitio diseñado en Wordpress a cualquier tipo de necesidad o tipo de página Web que se desee. Lo más recomendable es invertir en un tema "premium" ya que ofrece muchas más posibilidades de diseño y personalización, una mayor profundidad en lo que se refiere a sus prestaciones, calidad, acabado y opciones disponibles. [12]

- Widgets: Estos son pequeños bloques de información que se utilizan en las Sidebars (barras laterales) de Wordpress. Tales bloques constituyen añadiduras que ayudan a darle al usuario un mayor control sobre el diseño y contenido de su sitio Web o blog, además de aportarle valor agregado al sitio, mejorar su estética general y utilidad. Los widgets se pueden expandir y usar de diferente forma dependiendo del tema y plugins que se instalen. Por ejemplo, un plugin de email marketing podría incluir un widget para colocarlo en la sidebar y así mostrar la suscripción. Algunos temas permiten usar Widgets personalizados en el Footer (Pie de página), en el encabezado (Header) o incluso usarlos para armar una página de inicio con diferentes secciones. [12]

Principios de funcionamiento del Wordpress:

- Se trata de un sistema de publicación web basado en entradas ordenadas por fecha las cuales, a su vez, se organizan en categorías o taxonomías de modo tal que una entrada determinada pueda pertenecer a una o varias de estas categorías. [13] El sistema dispone, además, de un administrador de páginas estáticas no cronológicas.

- La estructura y diseño visual del sitio depende de un sistema de plantillas independiente contenido, que pueden tener varias opciones de personalización, dependiendo de su autor. [13]

- Consiste en una interfaz que controla una o varias bases de datos donde se aloja el contenido del sitio. El sistema permite manejar de manera independiente el contenido y el diseño. Así, es posible mantener o modificar el contenido y a la vez darle en cualquier momento un diseño distinto al sitio sin tener que aportarle formato al contenido de nuevo, además de permitir la publicación fácil y controlada de varios editores pertenecientes a una misma web. [14]

- El gestor de contenidos genera páginas web dinámicas interactuando con el servidor web para generar la página web bajo petición del usuario, con el formato predefinido y el contenido extraído de la base de datos del servidor. [15]. Esto permite gestionar, bajo un formato estandarizado, la información del servidor, reduciendo el tamaño de las páginas para descarga y reduciendo el coste de gestión del portal con respecto a un sitio web estático, en el que cada cambio de diseño debe ser realizado en todas las páginas web, de la misma forma que cada vez que se agrega contenido tiene que maquetarse una nueva página HTML y subirla al servidor web. [15]

- Un sistema de administración de contenidos siempre funciona en el servidor web en el que esté alojado el portal. El acceso al gestor se realiza generalmente a través del navegador web, y se puede requerir el uso de FTP para subir contenido. [15]

- Cuando un usuario accede a una URL, se ejecuta en el servidor esa llamada, se selecciona el esquema gráfico y se introducen los datos que correspondan

13

de la base de datos. La página se genera dinámicamente para ese usuario, el código HTML final se genera en esa llamada. Normalmente se predefine en el gestor varios formatos de presentación de contenido para darle la flexibilidad a la hora de crear nuevos apartados e informaciones. [15]

- Se podrá escoger diferentes niveles de acceso para los usuarios; yendo desde el administrador del portal hasta el usuario sin permiso de edición, o creador de contenido. Dependiendo de la aplicación podrá haber varios permisos intermedios que permitan la edición del contenido, la supervisión y reedición del contenido de otros usuarios,etc.

- El sistema de gestión de contenidos controla y ayuda a manejar cada paso de este proceso, incluyendo las labores técnicas de publicar los documentos a uno o más sitios. En muchos sitios con estos sistemas una sola persona hace el papel de creador y editor, como por ejemplo en los blogs personales.

3. CONCLUSIONES:

- Durante la primera mitad de la década de los 90 del pasado siglo, la inmensa mayoría de los sistemas automatizados disponibles para la construcción de un sitio web, arrojaban como resultado una estructura más o menos monolítica donde resultaba muy difícil manejar grandes cantidades de información de modo rápido e interactivo, con la creación de programas como WordPress, Joomla, Drupal, entre otros, el manejo del contenido dentro de las páginas web no sólo se tornó más ágil y sencillo, sino también funcional.

- La razón de ser fundamental de un CMS es hacer posible que casi todos los procederes contemplados en los procesos de diseño y construcción de un blog o sitio web, discurran sin que los actores involucrados en estos procesos deban tener conocimientos de programación

- Los Sistemas Gestores de Contenido constituyen en la actualidad un conjunto heterogéneo de sistemas automatizados, a pesar de esto, los mismos admiten cierto grado de clasificación, en función del tipo de licencias a los que se sujetan, los lenguajes de programación empleados en su edificación y la función o uso para la que son destinados.

- En el mercado actual se encuentra una elevada cifra de soluciones tecnológicas a modo de gestores de contenidos, algunos de ellos han quedado obsoletos, otros no pertenecen al mundo del software libre ni son de código abierto, por esta razón su empleo resulta más o menos costoso, entre los más conocidos y exitosos se encuentran: Joomla, Drupal, Blogger y Wordpress, entre otros.

4. CONCLUSIONS:

- During the first half of the 90s of the last century, the vast majority of automated systems available for the construction of a website, resulted in a more or less monolithic structure where it was very difficult to handle large amounts of information so fast and interactive, with the creation of programs such as WordPress, Joomla, Drupal, among others, the management of the content within the web pages not only became more agile and simple, but also functional.

- The fundamental reason for being a CMS is to make it possible for almost all the procedures contemplated in the design and construction processes of a blog or website, to run without the actors involved in these processes having to have programming knowledge

- The Content Management Systems currently constitute a heterogeneous set of automated systems, despite this some degree of classification is admitted, depending on the type of licenses they are subject to, the programming languages used in their construction and the function or use for which they are intended.

- In the current market there is a high number of technological solutions as content managers, some of them have become obsolete, others do not belong to the world of free software or are open source, for this reason their use is more or less expensive, among the best known and most successful are: Joomla, Drupal, Blogger and Wordpress, among others.

5. REFERENCIAS BIBLIOGRÁFICAS:

1.- Santa María L. Todo lo que necesitas saber sobre los Sistemas de Gestión de Contenido – Historia de los CMS [Internet]. Staffcreativa. 2013 [citado 2 de febrero de 2018]. Disponible en: http://www.staffcreativa.pe/blog/historia-cms/

2.- Lucio C. Plone: Conociendo un sistema de gestión de contenidos [Internet]. Universidad Zaragoza. Taller Documental. Aplicaciones para recursos de información digital. 2018 [citado 2 de mayo de 2018]. Disponible en: https://tallerdocumental.unizar.es/blog/plone-conociendo-un-sistema-de-gestion-de-contenidos/

3.- García Cuerda X. Introducción a los Sistemas de Gestión de Contenidos (CMS) de código abierto [Internet]. Mosaic. Universitat Oberta de Catalunya. 2004 [citado 2 de abril de 2018]. Disponible en: https://mosaic.uoc.edu/2004/11/29/introduccion-a-los-sistemas-de-gestion-de-contenidos-cms-de-codigo-abierto/

4.- Arrieta E. ¿Qué características debe tener un buen CMS? [Internet]. Posizionate. 2017 [citado 2 de mayo de 2018]. Disponible en: https://blog.posizionate.com/que-caracteristicas-debe-tener-un-buen-cms-para-el-sector-industrial

5.- Llamaret Heredia M. Compartiendo aplicaciones. Drupal, Joomla, WordPress [Internet]. GUTL. 2014 [citado 2 de mayo de 2018]. Disponible en: https://gutl.jovenclub.cu/compartiendo-aplicaciones-drupal-joomla-wordpress/

6.- Santa María L. Los 4 CMS más populares [Internet]. Rincón Creativo. staffcreativa. 2013 [citado 3 de mayo de 2018]. Disponible en: http://www.staffcreativa.pe/blog/4-cms-populares/

7.- Joomla! Documentation. Características principales de Joomla [Internet]. Joomla. 2016 [citado 25 de abril de 2018]. Disponible en: https://docs.joomla.org/J3.x:Joomla_Core_Features/es

8.- Buitrago J. ¿Qué es Drupal? ¿Para qué se usa? [Internet]. Drupal Groups. 2011 [citado 4 de mayo de 2018]. Disponible en: https://groups.drupal.org/node/148379

9.- Vergara Pineda JM. Drupal: características, ventajas y desventajas [Internet]. Coriaweb. 2016 [citado 4 de mayo de 2018]. Disponible en: https://www.coriaweb.hosting/drupal-caracteristicas/

10.- Ávila Dorado CA. Uso Educativo de los Blogs. Características de Blogger [Internet]. Eduteka. 2016 [citado 4 de mayo de 2018]. Disponible en: http://eduteka.icesi.edu.co/articulos/BlogsBlogger

11.- Codex. WordPress.org. Características de WordPress [Internet]. WordPress.org. [citado 12 de mayo de 2018]. Disponible en: https://codex.wordpress.org/es:Caracter%C3%ADsticas_de_WordPress

12.- ¿Qué es Wordpress y Para Qué Funciona? [Internet]. WP Avanzado. 2017 [citado 12 de mayo de 2018]. Disponible en: https://wpavanzado.com/que-es-wordpress/

13.- Universidad de Alicante. Blogs [Internet]. Curso de aprendizaje basado en proyectos. 2016 [citado 12 de mayo de 2018]. Disponible en: http://www.dccia.ua.es/pe18/ABP_espanol/blogs.html

14.- Cooperativa Investic. ¿Qué es un CMS ogestor de contenidos? [Internet]. Investic. Definiciones. [citado 12 de mayo de 2018]. Disponible en: http://www.investic.net/node/90

15.- Juan Carlos. Sistema de gestión de contenidos – Hostingbo [Internet]. Hostingbo.net. 2012 [citado 12 de mayo de 2018]. Disponible en: https://www.hostingbo.net/sistema-de-gestion-de-contenidos/

Nota del autor: Las Imágenes que encontrará en este ensayo académico disponen de licencia Creative Commons 0 (CC0) y han sido obtenidas en http://Pixabay.com. Las referencias bibliográficas presentes en esta obra se encuentran acotadas según Normas Vancouver.

Author's note: The images that you will find in this academic essay have Creative Commons license 0 (CC0) and have been obtained in http://Pixabay.com. The bibliographical references present in this work are limited according to Vancouver Norms.